높아진 문화 명령
낮아진 복음 전도

박영덕 지음

생명의말씀사

**높아진 문화 명령
낮아진 복음 전도**

ⓒ 생명의말씀사 2006

2006년 4월 15일 1판 1쇄 발행
2022년 2월 17일　　　 8쇄 발행

펴낸이 | 김창영
펴낸곳 | 생명의말씀사

등록 | 1962. 1. 10. No.300-1962-1
주소 | 서울시 종로구 경희궁1길 6 (03176)
전화 | 02)738-6555(본사)·02)3159-7979(영업)
팩스 | 02)739-3824(본사)·080-022-8585(영업)

지은이 | 박영덕

기획편집 | 태현주, 조해림
표지디자인 | 최윤창, 정혜미
인쇄 | 주손디앤피
제본 | 주손디앤피

ISBN 89-04-10081-X

저작권자의 허락없이 이 책의 일부 또는 전체를
무단 복제, 전재, 발췌하면 저작권법에 의해 처벌을 받습니다.

문화 사역의 소용돌이 속 *전도*의 바른 길 찾기!

머리말

이 글을 쓰게 된 것은 나에게 다음과 같은 두 가지 계기가 있었기 때문이다.

하나는, IVF한국 기독 학생회 간사로 학생들을 섬기던 80년대에 대학가와 사회 전체를 휩쓸었던 민주화 운동에 대한 그리스도인의 사회 참여에 대한 고민이었다. 과연 그리스도인의 사회 참여는 어느 선까지여야 하는가? 당시 자유주의, 다원주의의 영향 때문에 복음을 전하는 학생 선교 단체의 정체성의 위협까지 초래했던 IVF의 소위 '6개대 사태'를 겪으면서, 나는 사회 참여와 복음 전도와의 관계, 그리고 그 비중의 문제를 심각하게 생각하지 않을 수 없었다.

다른 하나는, 2년 동안 성경을 연구하기 위해 영국에 갔을 때 그곳에서 보게 된 영국 교회의 참담한 모습 때문이었다. 자유주의 신학의 영향으로 교회의 부흥의 불길은 꺼져 있고, 소수의 그리스도인들만이 주님 나라를 사모하며 교회를 지키고 있는 실정이었다. 대부분의 그리스도인들이 노인이었으며 청년은 찾아보기 힘들었다. 그리스도인들이 감소하다 보니 교회는 점점 힘을 잃었고 아예 문을 닫는 교회도 적지 않았다. 한때 세계 복음화의 주역이기도 했던 영국 교회가 어떻게 이 지경까지 되었는가 하는 생각에 무척 고통스러운 시간을 보냈다.

왜 이렇게 되었는가? 어째서 교회가 이렇게 힘을 잃어버렸는가? 나는 스스로에게 계속 질문을 하다가 그 원인이 바로 영국 교회가 복음 전도를 하지 않았기 때문임을 알게 되었다. 그리고 한국 교회도 깨어 있지 않으면 얼마든지 영국 교회처럼 될 수 있다는 생각에 복음 전도의 우선성을 명백히 할 필요성을 느껴 이 글을 쓰게 되었다.

짧은 글이지만 글을 써 나갈수록 나의 한계에 많이 절망했고, 그때마다 주님께 무릎으로 나아갈 수밖에 없었다. 바라기는 이 글이 나처럼 이런 문제로 고민하고 있는 그리스도인들에게 조금이라도 유익이 되기를 소망한다.

주님 오실 때까지 한국 교회에 기도의 불이 활활 타오르고 복음 전도가 끊이지 않아서 앞으로도 계속 한국 교회가 세계 복음화의 주역을 감당할 수 있기를 간구한다. 이 시간도 오직 주님의 은혜만을 바라보며……

박영덕

Contents

■ 머리말 _4

PART 1. **전도 회복의 시급한 요청** _11

PART 2. **복음 전도를 하지 않는 이유** _15
    1. 개인적인 이유로 주저함 _16
    2. 이론적인 이유로 위축됨 _21

PART 3. **복음 전도 명령의 최우선성** _53
    1. 명령을 내리신 이유 _54
    2. 전도 명령에 대한 그리스도인의 자세 _55
    3. 어떻게 복음을 전할 것인가 _58
    4. 노방 전도의 당위성 _70

PART 4. **승리하는 성도** _77

    1. 같음과 다름 _78

    2. 비상시의 균형론 _81

    3. 결론 _83

■ 참고문헌 _84

너희는 가서 모든 족속으로 제자를 삼아 아버지와
아들과 성령의 이름으로 세례를 주고 내가 너희에게
분부한 모든 것을 가르쳐 지키게 하라 마 28:19-20.

PART 1
전도 회복의 시급한 요청

높아진 문화 명령
낮아진 복음 전도

PART 1 2 3 4　　전도 회복의 시급한 요청

오늘날 우리 한국 교회는 매우 안타까운 상황에 직면해 있다. 그리스도인들이 교회에 가서 예배 드리고 봉사하는 정도로 신앙 생활을 유지할 뿐 주님께서 명령하신 "가서 모든 족속으로 제자를 삼으라"는 말씀대로는 행하지 않는다.

교회는 그리스도인들로 가득하지만, 불신 영혼을 구원하려는 그리스도인은 아주 적다. 이런 식으로 신앙 생활을 하는 것은 결국 주님의 명령에 불순종하는 것이다.

새로 거듭난 그리스도인들은 많지 않고 기성 그리스도인들은 점차 줄어들다 보니 교회가 점점 약화될 수밖에 없다. 교회가 정체하거나 감소하는 것도 분한 일이지만 더 마음 아픈 것은 교인 수가 줄어듦에 따라 그만큼 불신자에게 복음을 들려 줄 사람이 적어진다는 사실이다.

한마디로 말하자면 불신자에게는 구원의 기회가 상대적으로 줄어드는 셈이다. 불신자의 입장에서 보면 애통할 만한 일이다.

따라서 이러한 상황을 바꿀 수 있는 유일한 길이 있다면 바로 교회가 잃었던 복음 전도의 기능을 다시금 회복하는 일이다.

PART 2

복음 전도를 하지 않는 이유

높아진 문화 명령
낮아진 복음 전도

PART 1 2 3 4 복음 전도를 하지 않는 이유

그리스도인들이 복음 전도를 잘 하지 않는 이유는 무엇일까? 초대 교회 때만 해도 사도들과 제자들이 목숨의 위협을 감수하면서까지 열심히 복음을 전한 데 반해, 오늘날 한국 교회가 복음 전도에 열정적이지 못하고 소극적인 이유는 무엇인가?

이렇게 된 데에는 여러 가지 개인적인 이유와 잘못 이해된 이론들의 영향이 있기 때문이다.

1. 개인적인 이유로 주저함

(1) 전도가 두렵다

이것은 복음을 전할 때 상대방이 어떻게 반응할까 하는 생각 때문에 불신자에게 접근하기 힘들어 하는 경우이다. 행여 거절을 당하거나 무시를 당할까 두려워한다. 처음에는 누구든지 그런 두려움을 갖기 마련이다.

그러나 전도를 하면 할수록 마음이 담대해져서 모르는 사람에게 다가가는 일이 점점 더 수월해진다. 처음에는 두렵더라도 계속 용기를 가지고 전도하다 보면 이 두려움은 곧 극복된다.

(2) 불신자가 너무 많다

전도를 하다가 계속해서 너무 많은 불신자들을 대하게 되면 무기력함에 빠지기 쉽다.

이단에 미혹된 2백만 명의 사람들과 1천만 명이 넘는 불교 신자들, 그리고 그 외 무신론자들까지 복음을 들어야 할 사람이 남한에 약 3천 8백만 명, 북한에 약 2천 2백만 명이 있다. 그리고 가까이 중국에 13억의 불신자가 있는 이러한 현실 속에서, 과연 '나 한 사람이 애써 봐야 무슨 일을 할 수 있을까?' 하는 생각에 의욕을 잃게 된다.

그렇지만 주님은 우리가 할 수 있는 만큼만 할 것을 원하신다. 자신이 할 수 있는 만큼의 불신자들만 책임지면 된다. 전 세계적으로 볼 때 불신자의 비율이 약 95%이므로 대략 1인당 20명을 거듭나게 한다면 최소한 자기 몫은 감당하게 되는 것이다.

이렇게 모든 그리스도인들이 이 짐을 나누어 져야 한다.

(3) 무척 바쁘다

전도해야 한다는 부담감은 늘 있지만 바쁜 현실에 쫓겨 차일피일 미루게 된다는 이유이다.

그러나 주님이 우리에게 전도를 명하실 때에는 바쁜 중에도 충분히 할 수 있는 일이기 때문에 말씀하신 것이다. 아무리 바쁘다 하더라도 복음에 관한 책이나 전도지를 전해 줄 수는 있다.

전도는 시간의 문제가 아니라 마음의 문제다. 월드컵 축구 경기 시청이나 이성 교제 등과 같이 자신이 좋아하는 일이라면 어떻게 해서든지 시간을 내지 않겠는가?

(4) 나는 아직 부족하다

'나 같은 사람이 무슨 전도를 할 수 있겠어?' 하고 움츠러드는 경우가 있다. '일단 내 신앙이 어느 정도 자라야 남에게 전도를 하지.' 하고 미룰 수 있다.

하지만 꼭 알아 두어야 할 것은 그리스도인은 신앙이 계속 자라갈수록 더욱 부족함을 고백하게 된다는 것이다. 그렇기 때문에 어느 정도 준비되어야만 전도하겠다면 우리는 죽을 때까지 전도할 수 없게 된다. 오히려 전도하면서 더욱 정리되고 확신을 갖게 되는 것이다.

이와 더불어 성경을 잘 모른다는 이유로 주저하는 경우도 있다.

필자의 경우 청년 시절에 처음 전도하러 나가면서, 불신자들이 구약의 소선지서나 신약의 계시록처럼 성경의 어려운 부분을 짓궂게 물어볼까 염려되어 주저한 경우가 있었다. 그러나 실제로 전도해 보니 어려운 성경 분문을 꼬투리 잡는 사람은 없었다. 혹 물어보아도 잘 모른다고 이야기하고 지금은 예수님에 대해서 생각해 보자고 권하면 된다.

(5) 전도는 은사이다

성경을 보면 전도는 명령이지 은사가 아니다. 물론 개인차는 있다. 함께 나가서 전도를 해보면 잘하는 사람과 그렇지 못한 사람이 있다.

그러나 복음을 전하여 거듭난 사람의 수가 중요한 것이 아니라, 얼마나 성실하게 불신자의 귀에 복음을 들려 주는가가 우리의 관심이어야 한다. 처음에는 전도를 잘 못하던 사람이었는데 하면 할수록 점차적으로 숙달되어 잘하는 경우를 많이 보게 된다. 전도는 은사가 아니라 오히려 기술이다.

(6) 말보다는 생활이 중요하다

복음을 전하는 자는 당연히 삶에 있어서도 본이 되어야 한다. 그러나 훌륭한 삶을 산다고 해서 그것만으로 한 영혼을 회심시킬 수는 없다. 말이란 우리의 생각을 더 효과적으로 상대방에게 전하는 도구이다. 예수님과 사도들이 생활만 잘하면 될텐데 왜 핍박을 받아가면서까지 복음을 전했겠는가?

그리스도인은 불신자들에게 본이 되는 생활을 하면서 동시에, 우리 죄 때문에 대신 십자가에 달리신 예수님을 소개하고 회개의 필요성을 강조해야 한다.

(7) 어떻게 전도해야 할지 모른다

모든 일이 처음에는 다 어렵다. 의사가 환자를 돌보기 위해 오랫동안 수련을 거쳐야 하듯이, 한 영혼이 구원받을 수 있도록 돕기 위해서도 많은 경험과 숙련이 필요하다. 잘 모른다고 가만히 있을 것이 아니라 자꾸 해보아야 한다.

전도는 실제로 해보는 것이 가장 중요하다. 아무리 전도에 대한 좋은 강의를 많이 듣고 전도가 매우 중요한 사명이라는 것을 깨닫는다 할지라도, 실제로 전도를 하지 않으면 아무것도 아니다. 방법은 그렇게 중요하지 않다. 방법은 실제 전도를 하면서 나름대로 터득하게 된다.

2. 이론적인 이유로 위축됨

그리스도인들이 여러 가지 개인적인 이유로 전도를 하지 않는다는 사실 외에도, 그동안 책이나 강의를 통해서 그리스도인들에게 많은 영향을 주었던 몇몇 이론들이 한국 교회의 복음 전파에 발목을 잡고 있는 실정이다.

이에 여기에서는 크게 세 가지 이론, 즉 문화 명령, 복음 전도와 사회적 책임, 명목상의 우정 전도 이론에 대해 살펴보고자 한다.

(1) 문화 명령

1) 문화 명령에 대한 성경적 근거의 모호성

언제부턴가 그리스도인들 사이에, 창세기 1장 28절을 근거로 한 '문화 명령'이란 말이 보편화되기 시작했다.

그러나 이 말은 아주 조심해서 사용해야 할 말이다. 왜냐하면 전도 명령은 주님께서 우리에게 주신 명령임이 확실한 데 비해서, 문화 명령은 그 근거가 모호하기 때문이다. 문화 명령은 자칫 주님의 지상 명령인 전도 명령을 약화시키는 명분이 될 수 있다.

그러면 먼저 문화 명령의 모호성에 대해 살펴보자.

일반적으로, 문화 명령을 주장하는 사람들은 창세기 1장 26절, 28절을 근거로 "우리가 그리스도로 인해 구속(회복)되었으니, 이제는 타락 전의 인간에게 주신 본래의 문화 명령을 잘 준행해야 한다."고 말한다. 이 본문은 다음과 같다. "하나님이 그들에게 복을 주시며 그들에게 이르시되 생육하고 번성하여 땅에 충만하라, 땅을 정복하라, 바다의 고기와 공중의 새와 땅에 움직이는 모든 생물을 다스리라 하시니라"창 1:28.

그러나 이 창세기 본문은 문화 명령이라기보다는 만물 가운데서 인간이 어떻게 살아가야 할지를 규정해 주시는 말씀으로 보아야 한다. 만물의 영장으로서 인간의 역할은, 타락 이전뿐 아니라 타락 이후에도 여전히 수행되고 있다.

만약 이것이 타락 후의 사람들이 아니라 회복된 그리스도인들에게만 주어진 명령이라면, 다윗이 시편 8편에서 아직 그리스도로 인해 회복되지 않은 인류가 모든 만물을 다스리고 있음에 대해 하나님께 감사한 이유가 무엇이란 말인가?

다윗은 시편 8편 4-8절에서, "사람이 무엇이관대 주께서 저를 생각하시며 인자가 무엇이관대 주께서 저를 권고하시나이까 저를 천사보다 조금 못하게 하시고 영화와 존귀로 관을 씌우셨나이다 주의 손으로 만드신 것을 다스리게 하시고 만물을 그 발 아래 두셨으니 곧 모든 우양과 들짐승이며 공중의 새와 바다의 어족과 해로에 다니는 것이니이다"라고 고백

했는데, 이는 이스라엘 민족만이 아닌 일반적인 모든 사람을 가리킨 것이다.

소위 문화 명령 지지자의 주장대로라면, 그리스도로 인해 회복되지 않은 그 시대 사람들에게도 문화 명령이 주어졌다는 모순이 생긴다. 그러나 여기서 다윗은 일반적인 모든 사람이 만물을 다스리고 있음을 고백하고, 우리 인생들을 이런 위치에 두신 하나님께 감사한 것이다. 사자가 동물의 왕이듯이, 사람은 타락 전이나 타락 후나 언제나 만물을 다스리는 위치에 있고 지금도 그 지위는 계속되고 있다.

이렇게 볼 때, 창세기 1장 26, 28절은 하나님이 사람에게 주신 '문화 명령'이라기보다는 '인간을 지으시고, 모든 만물을 다스릴 수 있는 만물의 영장으로 축복하신 말씀'으로 보는 것이 나을 것이다. 즉 이 말씀으로 인해 인간은 번성하면서 모든 만물들을 다스리게 된 것이다.

그런데 태초에 하나님께서 인간에게 주신 "번성하고 충만하라"는 축복의 말씀대로 살기 어려운 위기가 찾아왔다. 이것은 바로 홍수로 인한 모든 인간의 멸망이었다. 노아의 입장에서 보면 '하나님께서 아담과의 약속을 철회하셨는가?' 하는 의문을 가졌을 것이고, 이로 인해 앞날에 대한 두려움을 쉽사리 떨치지 못했을 것이다.

그래서 처음 아담이 홀로 있을 때와 마찬가지로 넓고 넓은 대자연에 인간이라고는 오직 노아 가족뿐일 때, 하나님께서는 인간이 능히 자연을 정복하고 번성할 수 있다는 약속과 축복, 위로를 다시 주신다. 동시에 동물들이 사람을 두려워하고 무서워할 것과 사람들이 홍수 이후부터는 동물들을 잡아먹을 것을 덧붙여 말씀하셨다창 9:1-7. 이는 명령이라기보다는 엄청난 심판과 재난 뒤에 올 수 있는 두려움에 대한 하나님의 약속이요 축복이며, 새 출발에 대한 격려라 볼 수 있다.

창세기 1장 28절, 9장 1-7절, 시편 8편의 몇 구절 외에는 성경에서 이와 유사한 말씀을 찾기가 쉽지 않다. 성경을 보면 노아 이후에도 하나님의 백성들은 계속 번성했는데, 이방 민족과 비교할 만큼 뚜렷한 문화 명령의 흔적은 찾아보기 어렵다. 단지 하나님의 선택된 민족으로서의 이스라엘이 하나님을 경외하느냐 경외하지 않느냐에 주된 초점이 맞추어져 있을 뿐이다.

더구나 신약에서의 예수님의 가르침이나 사도들의 교훈, 초대 교회의 모습들에서 이와 유사한 문화 명령이나 암시를 찾기란 더 힘들다. 만약 이 명령이 복음 전파만큼이나 중요하다면, 왜 이토록 성경에서는 소위 문화 명령에 대해 침묵하는지 이해하기 어렵다. 오직 하늘나라의 자녀로 새 출발한 그리스도인에게는 복음 전파만이 중차대한 명령으로 강조되어 있을 뿐이다.

2) 성경에는 중요한 두 가지 명령, 문화 명령과 전도 명령이 있다는 주장

문화 명령은 앞에서 언급한 대로 애당초 성경적 근거가 모호하다. 단지 '문화 창출'을 '문화 명령'으로 이해했다면 받아들여질 수 있을 것이다. 왜냐하면 그리스도인이 되는 순간 우리에게는 각자의 영역에서 은사를 따라 창조주 하나님을 드러내야 할 책임이 있기 때문이다.

우리 각자는 자기에게 주어진 영역에서 그 일이 하나님께서 허락하신 일인 줄 알고, 성실하게 자기의 은사를 다 사용하여 진보를 이루어야 할 것이다. 음악가라면 좋은 음악을 창출하여 하나님께 찬양을 돌려야 할 것이고, 미술가라면 그림을 통하여 하나님의 하나님 되심을 드러낼 수 있어야 할 것이다. 예술뿐 아니라 사회 전반의 모든 영역에서 자기의 직분과 은사를 따라 하나님께 영광을 돌려야 한다.

그러므로 문화 창출은 우리가 살아가는 삶의 모습이고, 그렇게 살아가는 우리 모두는 날마다 주님의 복음을 전하며 살아야 한다. 그렇다면 앞으로는 '전도 명령 안에서 문화 창출의 의미를 담은 문화 명령'이어야지, 주님의 '전도 명령과 동등한 개념으로서의 문화 명령'이란 말을 사용해서는 곤란할 것이다.

성경에 두 가지 명령, 즉 문화 명령과 전도 명령이 있다고 하면서도 대부분의 시간을 문화 명령에 할애하는 사람들은 언제 전도하러 나갈 것인가? 문화 명령을 수행하면 전도는 하지 않아도 되는 것인가? 아니면 두 명령 중에 자신이 원하는 대로 하나를 선택하면 되는 것인가?

만일 이것이 선택 사항이라면 전도하는 사람이 극소수인 한국 교회의 장래는 누가 책임지겠는가? 누가 조롱과 멸시, 천대를 당하는 전도 명령을 택하겠는가? 자기 분야의 전문가가 되고, 자기 발전의 유익이 되며, 고난도 피할 수 있는 소위 문화 명령으로 방향을 돌리지 않을 사람이 몇이나 될까? 그러면 주님께서 우리에게 부탁하신 전도 명령은 대체 누가 수행하겠는가? 한국 교회도 서구 사회처럼 힘 없는 명목상의 그리스도인만 남게 되지 않을 것이라고 어느 누가 장담할 수 있겠는가?

(2) 복음 전도와 사회적 책임에 관한 주장들

복음 전도와 사회적 책임에 관한 이론들이 많이 있지만 그 중에는 모호하고 검증되지 않은 주장들이 많다. 그 중에 대표적인 주장 7가지를 살펴보고 그 이론의 문제점들을 지적하고자 한다.

1) 복음 전도와 사회적 책임은 동전의 양면이다. 동반자 관계이며 새의 두 날개이다

이는 결과적으로 사명과 삶 자체를 혼동한 말이다. 예수님은 우리를 구원하시고자 이 땅에 오셨고 십자가에 달려 목숨을 버리셨다. 이것은 사명이다.

주님은 사시는 동안 많은 사람을 돌보고 격려하시면서 세상에 빛이 되셨다. 이것은 삶 자체이다.

엄밀한 의미에서 우리는 그리스도인이 되는 순간 이미 빛이요, 소금이다마 5:13-16. 즉 우리 존재 자체가 이미 세상의 빛인 것이다. 그러므로 이 땅에 살아가면서 거룩, 이웃 사랑, 이웃 섬김을 드러내면서(삶 자체), 복음 전파(사명)를 잘 감당해야 한다.

예를 들면, 의사의 중요한 사명은 환자의 병을 고치는 것이다. 물론 의사는 환자에게 친절하고 겸손해야 한다. 환자에게 병에 대한 설명도 잘 해주고 관심도 많이 가져야 할 것이다. 그러나 이런 인격과 태도가 의사의 사명이 될 수는 없다. 훌륭한 의사라면 이러한 삶을 견지하면서 무엇보다 환자의 질병을 잘 고쳐야 한다.

마찬가지로 천국 백성인 우리는 당연히 이 땅에서 이웃을 돕고 사랑하며 구제하고 섬겨야 한다. 그러나 이것 자체가 우리의 목적은 아니다. 이것은 우리의 본분이다. 이렇게 이웃을 섬기고 사랑하면서 우리는 우리의 사명, 즉 복음을 전파해야 한다.

존 스토트John Stott 목사는 이것을 다르게 보고 있다. 그는 "강도 만난 사람은 그 순간 무엇보다 그의 상처를 위한 기름과 붕대가 필요했다. 그의 호주머니에 복음책자를 넣어 준들 무슨 도움이 되랴!"라고 말하였는데, 그는 이 예에서 아주 중요한 사실 한 가지를 간과한 것이다. 즉 강도 만난 사람은 오늘이나 내일 죽게 될 사형수라는 점이다. 그러므로 우리는 어떤 사람의 마음의 상처를 치료하는 중이라도 언제든지 복음 전도에 대한 시급성만큼은 유지해야 한다.

예를 들어 보자. 수술을 받아야 할 환자라고 해서 모든 환자가 당장 수술부터 받는 것은 아니다. 의사는 질병의 상태나 경우에 따라 다르게 처방한다. 먼저 환자가 탈진 상태이면 영양주사를 맞히고, 음식을 먹을 수 있으면 먹여야 한다. 때로는 환자를 푹 재워야 할지 모른다. 그러나 결국 질병을 고치기 위해서는 반드시 수술을 해야 한다. 이것이 성경이 보여 주는 바 복음 전도와 사회 참여의 바른 이해이다.

우리는 일시적인 것과 영원한 것을 잘 분간할 수 있어야 한다. 부모를 잃어버린 미아가 있다고 하자. 마침 부모로부터 그 아이를 찾아 달라는 부탁을 받은 어떤 사람이 그 아이를 만났다면, 가장 시급한 일은 아이를 애타게 찾고 있는 부모에게 한시라도 빨리 인계하는 일일 것이다.

물론 그 아이를 발견했을 때, 아이가 제대로 입지 못해 추위에 떨고 있고 먹지 못해 기진해 있다면 당연히 그 아이를 입히고 먹여야 하겠지만, 이것은 어디까지나 일시적인 일이다. 궁극적으로는 속히 그 아이를 부모에게 데려가는 것이 가장 중요하다. 예수님도 이 땅에 있는 많은 병든 자를 고치고 도우셨지만 결국 궁극적으로 잃은 자를 찾는 일에 전력을 다하셨다. 이것은 다음의 성구에 잘 드러난다.

"우리가 다른 가까운 마을들로 가자 거기서도 전도하리니 내가 이를 위하여 왔노라" 막 1:38.

세례 요한이 헤롯 왕의 불의를 지적한 것으로 인해 감옥에 잡혀 들어갔을 때, 예수님이 그를 구출하시기 위해 어떤 노력을 기울이셨는가? 옥중에서 세례 요한이 제자들을 시켜 "오실 분이 당신이니이까?" 하고 물었을 때에도 예수님은 자신의 사역만 소개하시고 사람들에게 세례 요한이 훌륭하다고만 소개하셨을 뿐 더 이상 어떤 행동도 취하지 않으셨다.

만약 이 사회적 책임이 그리스도인들에게 균형의 필수이며 하나님의 명령이었다면, 로마 식민지 지배와 독재자의 횡포, 노예 제도 아래 있었던 초대 교회는 그들의 사회적 책임에 대해 무관심과 무반응으로 일관한 것이 되고 만다. 그들은 대부분의 시간과 관심을 복음 전파에 쏟았다. 그러면서도 그들은 세상의 빛이었고 소금이었다. 그들의 도덕적, 윤리적인 삶이 사회를 압도한 것이다. 그들은 형제 사랑을 세상에 보여주었다.

그리스도인이 빛과 소금의 역할을 감당할 때 늘 염두에 둘 것은 가난한 자에 대한 구제이며, 목마른 자에게 내미는 냉수 한 그릇의 대접이며, 나그네 길에서의 사람에 대한 연민이다. 이런 일은 우리의 일상 생활에서 자연스럽게 일어나야 한다. 이것을 존 스토트 목사처럼 은사에 따른 업무 분장分掌으로 생각하면 곤란하다.

초대 교회의 사도들은 말씀과 기도에 전념했고, 구제하는 일은 나머지 일곱 명에게 맡겨졌다. 그럼에도 불구하고 이 일곱 명 역시 복음을 전파하기 위해 돌아다녔고, 그 중의 한 사람 빌립은 주님의 인도로 에티오피아 내시에게 복음을 전했으며, 스데반은 복음을 전하다 심지어 순교를 당했다.

이러한 증거로 볼 때 그리스도인은 언제든지 복음을 전파해야지, 빛과 소금의 역할 때문에 복음 전파의 사명을 다소 뒤로 늦출 수도 있다는 안이한 생각을 해서는 안 된다. 복음 전파의 사명을 수행하는 가운데 말씀과 기도에 전념하는가, 아니면 어느 정도 구제 사업에 신경을 쓰는가의 차이는 있을 수 있으나 애당초 은사에 따른 사명의 구분은 있을 수 없다는 것을 알아야 한다.

2) 한 손에 성경, 한 손에 신문(이중적 귀기울임)

이 밀대로, '하나님을 알고 세상을 알자.'는 취지는 본질적으로 옳다. 그러나 이 말은 듣는 대상에게 오해를 불러일으킬 소지가 있으며, 특별히 한국 그리스도인에게 적용할 때 지극히 조심스럽다. 그렇지 않아도 많은 그리스도인이 성경을 잘 몰라서 문제인데, 이 말이 그리스도인들로 하여금 자칫 성경 연구를 소홀히 하는 변명의 구실이 될까 염려된다.

한국의 그리스도인들은 말씀의 영양실조 상태에 있다. 심각한 영양실조에 걸리면 빨리 병원에 입원해서 치료를 받고 충분한 영양 섭취를 해야 하듯이, 우리는 성경말씀을 한없이 배우고 익혀야 한다. 보통 초등학교 1학년부터 시작하여 중·고등학교, 대학교, 때로는 대학원까지 12-16년, 혹은 20년 동안 하루에 6-10시간씩 세상 학문을 쌓아 가는 데에 비해, 성경 연구를 하는 그리스도인은 전체 그리스도인의 1-2%에도 못 미치는 미미한 수준으로 거의 이루어지지 않는 것으로 보인다.

성경, 즉 하나님 말씀에 기갈한 채 지금껏 세상 학문, 세상사에 줄곧 매달려 온 대부분의 그리스도인에게 성경과 세상에서의 균형을 이야기한다는 것은 비상식적인 일이다. 그 주장대로 균형을 잡으려면 향후 10년 정도 그리스도인들이 모든 일을 접어 두고 성경 연구에만 시간을 투자해도 부족할 것이다. 따라서 이 말이 그리스도인들이 반문화적인 태도로 세상을 살까 염려되어서 나온 충고라면 고맙지만, 가뜩이나 하나님 말씀을 피상적으로 알고 있는 그리스도인들에게 행여 성경에 열심을 내지 않는 이유를 제공하지는 않을까 조심스럽다.

스쿠버 다이버에게 물고기나 해초를 관찰하는 일은 중요하다. 그러나 이 일이 아무리 중요하다 해도 산소 호흡기를 통해 숨을 쉴 때에만 가능한 일이다. 우선 순위는 먼저 호흡을 확보하는 일이다. 성경은 우리의 생명 양식이요, 우리를 살게 하는 동력이다. 따라서 세상을 아는 것이 중요하다는 것을 강조하기 위해 '한 손에 성경, 한 손에 신문'이라고 주장은 할 수 있지만, 성경을 신문과 대비되는 한 축으로 인용한 것은 아무래도 지나친 느낌이 든다.

더구나 일반적으로 신문을 통해 읽는 세상사는 비교적 이해가 쉽고 흥미도 있으며 현실 적용에도 용이하지만, 성경 연구는 마음의 준비와 충분한 묵상이 필요하므로 자칫 뒤로 미룰 수 있는 여지가 많다.

우리는 죄성을 갖고 있는 인간이다. 할 수만 있으면 하나님 말씀을 가까이하지 않으려는 게으른 습성이 있음을 늘 잊어서는 안 된다. 우리는 성경보다는 신문을 가까이하기가 더 쉽기 때문에 오히려 성경 연구를 더욱더 강조할 필요성이 있는 것이다.

이와 관련해 그리스도인이 세상을 알아야 한다는 주장에 대해서도 한 가지 조심할 점이 있다. 그것은 우리 본성 자체가 말씀보다 세상을 사랑하기 때문에, 자칫 세상을 알려 하다가 도리어 세상이 주는 즐거움에 빠질 수 있다는 것이다. 세상을 아는 것과 좋아하는 것의 미묘한 차이를 분별할 수 있는 성령의 능력이 필요하다.

예를 들어, 세상이 얼마나 타락했는지 알기 위해 텔레비전, 비디오, 잡지, 소설 등을 접한다면, 자칫 이로 인해 본인의 신앙의 거룩성이 침해받을 수 있음을 염두에 두어야 한다. 충분히 깨어 근신하고, 말씀으로 무장하며, 기도를 통해 무시로 하나님과 깊은 교제를 나누는 사람만이 이 세상의 일을 안타까운 마음으로 알아보는 것이지, 미지근한 신앙을 가진 사람이 세상을 즐기면서 세상을 알아 간다고 합리화해서는 안 될 것이다.

그러므로 '한 손에 신문, 한 손에 성경'이라는 말보다는 '우리의 심령에는 성경말씀, 한 손에는 신문, 다른 한 손에는 전공 서적'이 타당할 것이다.

3) 그리스도인이 세상을 도피하면 안 된다(죄 많은 이 세상으로 충분한가)

이 말은 보통 그리스도인들이 현실을 도피하던 시절에 사용되던 말이다. 예전에는 한국 교회 그리스도인들이 세상을 등지고 기도원에 들어가 독자적으로 신앙 생활을 하는 경향이 있었다. 그들은 세상을 도피하면서 '죄 많은 이 세상론'을 내세웠다. 그래서 이에 대한 반론으로 '죄 많은 이 세상으로 충분한가' 하는 이론이 나와 이원론적인 현실 도피에 대해 잘못된 점을 지적했다. 물론 이 지적은 옳다. 그러나 오늘날에는 도피하는 그리스도인이 아니라 세상적인 그리스도인이 너무나 많다는 데 문제가 있다.

소돔과 고모라보다 더 타락한 이 땅에서 그리스도인이 이겨 나가야 할 가장 큰 싸움은 세상과 대항하여 거룩함을 유지하는 일이다. 세상의 힘이 너무 강해서 많은 그리스도인들이 넘어진다. 말세일수록, 어두움이 짙을수록, 그리스도인은 더 거룩하기 위하여 부단히 투쟁해야 한다. 그리스도인이 어떻게 세상을 이기며 어떻게 하나님의 거룩함을 드러내는가를 철저히 고민하며 살아갈 때, 그리스도인의 독특한 삶의 방식이 형성된다. 결국 이런 태도와 생활 방식이 하나하나 쌓여서 '그리스도인의 문화'가 창출된다.

따라서 오늘날에는 그리스도인들이 세상을 경계하고 각성하기 위해 이 말을 사용해야 한다. 다시 말해 이 주장은 죄 많은 이 세상에서 우리가 더욱 빛과 소금의 역할을 감당하며 세상을 바꾸어야 한다는 의미로 받아들여져야 한다. 이런 거룩함의 준비가 되어 있지 않다면, 우리에게 세상을 끌어안을 능력은 갖춰지지 않을 것이다.

우리는 지금 '거룩인가, 세속화인가?'의 치열한 싸움 중에 있다. 준비된 군대가 비로소 적군과 맞서 싸울 수 있다. 준비 안 된 군대는 보나마나 백전백패이다. 문제는 현재 그리스도의 군대가 너무 많이 변질되었다는 사실이다. 상황은 이러한데 자꾸 싸움만 독려해서 되겠는가? 다소 희생이 있을지라도 구조 조정을 하면서 우리 가운데 누가 우리편이고 누가 아닌지 확실히 가려야 한다. 그런 후 잘 준비하여 싸움에 임해야 한다. 초대 교회는 이런 면에서 구분이 뚜렷했고 훈련이 잘 되었기에 이 싸움에서 이길 수 있었다.

그러나 작금의 현실은 오히려 이 거룩한 군대 속에 있는 거룩하지 않은 자들이 큰 소리로 떠들며 거룩한 군대를 이끌고 세속화와 한판하려 한다는 것이다. 하나님의 영광에 압도당해 본 경험도 별로 없고, 바울처럼 하나님의 깊은 세계를 체험하지도 못한 그들이(필자가 보기에는 그들의 삶 속에 너무나 세속적인 것이 많고 '죄 많은 이 세상'에 대해 무감각한 것이 가장 큰 문제이다) 하나님을 전면에 내걸고 그분을 높여 드린다고 전쟁을 독려하고 있으니 큰일이 아닐 수 없다.

그리고 또 한 가지는, 싸움의 내용이 무엇인가 하는 점이다. 그리스도인들의 삶의 형태인가? 아니면 삶 자체인가? 무엇을 바꾸려 하는가? 구약을 보면 이스라엘 백성이 타락할 때 그들의 종교적 습관, 문화, 관습 등은 그들에게 아무런 도움도 되지 않았다. 마찬가지로 기독교적 습관, 문화, 관습은 원래 힘이 없다. 중세 기독교도 마찬가지였다. 오직 우리에게는 성령 충만이 있을 뿐이다. 불신자들을 주님께 돌아오도록 하여 그 사람이 거듭나면 모든 것이 다시 시작됨을 우리는 믿는다.

'죄 많은 이 세상론'은 이 땅에서 보여지는 거짓 영광에 마음을 빼앗기기 쉬울 때, 더 나아가 하나님 나라의 영광에 대한 기대를 고무시키고자 할 때 사용하면 족하다. 그리고 세상의 모순, 갈등에 대해 너무 낙심하지 않도록 하기 위해 사용하면 좋다. '죄 많은 이 세상' 운운하면서 세상과 분리되는 것은 문제이지만, 이 말을 하면서 우리가 추구해야 할 거룩함을 늘 유지하려고 노력한다면 '죄 많은 이 세상'이라는 말 자체는 귀한 것이라고 할 수 있다.

4) 악한 직업을 제외한 모든 직업과 일은 다 하나님의 부르심이다

① "우리는 먹든지 마시든지 무엇을 하든지 다 하나님의 영광을 위해서" 고전 10:31 한다.

이 말씀에 비추어볼 때 하나님께 영광이 되는지 아니면 자기에게 영광이 되는지는 일 자체보다는 일에 임하는 사람의 자세에 달려 있다. 그러므로 어떤 직업이든지 그 직업에 임하는 자의 마음 자세나 동기, 즉 영성이 중요하다. 영성이 고갈된 채로 모든 일을 다 하나님의 부르심이라고 말하는 것은 문제가 된다. 즉 자신의 의지로 세상에서 돈 잘 벌고 안정된 직업을 택하고 나서, 모든 일은 다 하나님의 부르심이자 뜻이라는 말로 자기 욕심을 합리화해서는 안 된다.

쉽게 말해 하나님 나라의 확장을 위한 확실한 동기를 가지고 자기 은사에 따라 사업가, 목사, 선교사, 회사원, 교사, 교수, 변호사, 의사 등이 되어야 한다는 것이다. '모든 직업, 모든 일이 주의 일이다.'라는 것은 오직 헌신된 마음 자세를 전제로 한다. 그렇지 않아도 헌신하지 않고, 거룩한 생활을 위해 투쟁하지 않고, 출세하고 돈을 버는 데 혈안이 된 세속적인 그리스도인들이 많은데 이러한 주장이 그들의 이기적 욕심에 대한 변명의 구실이 될까 염려스럽다.

② 자기 직업에 대한 전문성 확보와 복음 전도와의 관계

교사는 학생들을 사랑하고 열심히 가르치며 동료 교사들을 섬겨야 한다. 문제는 그것이 전부인 것처럼 생각하는 일이다. 물론 수업 시간에 수업은 적당히 하고 예수님에 대해서만

말하는 것은 큰 문제이다. 그러나 수업 시간에 열심히, 성실하게 가르쳤다고 해서 그리스도인 교사로서 할 일을 다 했다고 생각하는 것도 또 다른 극단이다. 그리스도인 교사는 수업 시간에는 그 교과목을 성실하게, 탁월하게 가르칠 수 있어야 한다. 주님의 일을 한다고 해서 이 부분을 소홀히 해서는 절대로 안 된다. 그리고 난 후에 기회를 만들어 학생들을 모아서 성경을 가르쳐야 하고, 동료 교사들과 성경 공부를 하면서 주님을 소개해야 한다.

이런 면에서 오지에 나간 선교사나 교단에 선 교사나 다를 바가 없다는 말은 옳다. 이 말의 핵심은 수업 시간에 교과목을 잘 가르치면서 기회가 되는 대로 기독 학생반 모임을 이끌어 나가고, 동료 교사들을 모아 성경 공부를 하면서 복음을 전하며, 어린 자를 일꾼으로 키우는 교사가 되라는 말이다. 이렇게 할 때 교사의 일도 오지에 나간 선교사의 일과 전혀 다를 바 없으며 오히려 더 효과적일 수 있다.

의사도 마찬가지이다. 환자를 사랑하고 친절하게 대하며 폭리를 취하지 않고 어려운 사람을 무료로 치료해 줄 수 있어야 한다. 물론 부단히 공부하여 전문성을 확보하고 병을 잘 치료하여 하나님의 교훈을 빛내야 한다.

그러나 이것으로 그리스도인 의사의 역할을 다 하는 것은 아니다. 환자를 만나 기회 되는 대로 복음을 전하고 교회 다

닐 것을 권유하며, 의사와 간호사들을 모아서 성경 공부를 해야 한다. 복음을 소개하고 성경적으로 병원을 잘 경영해야 한다. 병자만 고칠 게 아니라 퇴근 후 일주일에 두 번 정도 복음을 전하러 공원에 나가기도 하고, 형편이 되면 다른 의사와 동업하면서 며칠 동안 진료를 쉬고 복음을 전하러 국내나 국외로 가기도 해야 한다.

'모든 직업과 모든 일을 하나님의 영광을 위해서 하라.'는 말만 붙들고 전문성 확보만 외치고 있는 것이 문제다. 그리스도인인 우리는 어떠한 직업을 갖든지 반드시 복음을 전하기 위해서 노력하는 것이 마땅하다. 자기 직업에 대한 전문성 확보가 복음 전파를 하지 않는 이유가 되어서는 안 된다. 아무리 바빠도 어떻게든지 시간을 내어 사랑하는 사람과 데이트하는 것처럼 우리는 무슨 일을 하든지 복음을 전해야 한다. 직업 자체를 독립적인 것으로 보고 자신의 직업에 충실하기 때문에 복음 전도를 하지 않아도 되는 것처럼 말해서는 안 된다.

쉽게 말해서 바울 사도에게는 동족 구원에 대한 구원의 열정으로 인해 큰 근심과 그치지 않는 고통이 있다고 했는데, 모든 직업으로 영광을 돌린다고 주장하는 사람이 바로 그러한 고통을 갖고 있다면 문제는 자연히 해결된다.

그러나 그런 영혼 구원에 열심을 내는 사람이 아니라면 그가 교사가 되든지 의사가 되든지 직업을 통해 하나님께 영광을 돌리기는 쉽지 않다. 그런 사람은 영혼에 대한 주님의 간절한 사랑의 마음을 배우는 일이 급선무이다.

③ 전임 사역자와 일반 평신도로서의 사역의 관계

영국 라브리에서 있었던 일이다. 그곳에서 7, 8년간 복음 전도 사역을 해오던 간사가 갑자기 그 일을 그만두고 우편배달부가 되었다. 그는 꼭 전임 사역자만이 하나님께 영광을 돌리는 것은 아니라고 생각해 그 직업을 선택했다고 한다. 물론 그는 우편배달부로서 하나님께 영광 돌리며 불신자보다 더 성실하게 자신의 일을 잘 감당할 것이다.

그런데 문제는 하나님 앞에서의 손익 계산이다. 복음을 직접 전할 수 있는 기회를 포기하고 우편배달부를 선택한 것 자체가 과연 하나님 나라 확장을 위한 자신의 역할을 극대화시킨 것인가? 예를 들어 동사무소 서기나 대통령은 두 사람 다 국가를 위해 일한다는 점에서는 동일하다. 그러나 대통령의 일을 할 수 있는 역량을 가진 사람이 동사무소 서기가 된다는 것은 그 나라의 국익 면에서 커다란 손해가 된다.

우리는 하나님 나라를 확장시킨다는 측면에서 은사와 더불어 자신의 역할을 극대화시킬 수 있는 직업을 선택해야 한다. 만약에 바울 사도가 '바울 사도표' 천막만 튼튼하게 만들었다면, 그래서 사람들로부터 "역시 하나님의 사람이 만든 천막은 다르구나."라는 말만 들었다면, 하나님 나라 확장은 과연 어떻게 되었겠는가?

그러므로 은사에 따라 부르심은 다르지만 하나님 나라 확장을 위하여 자신이 어떻게 사용되어야 더 효과적인지 먼저 점검해야 한다.

5) 개인 신앙이 우선인가, 사회적 책임이 우선인가

으레 사회적 책임에 대해 이야기할 때, "개인 신앙만 강조하고……."라며 운운하는 것은 잘못된 이야기다. 왜냐하면 애당초 신앙은 주님과 일대일의 개인적 만남에서 시작되고, 신앙이 깊어질수록 사회적 책임, 즉 빛과 소금의 본분을 잘 감당할 수 있기 때문이다. 우리는 죄인이기 때문에 말씀과 기도 없이는 농사를 짓든지, 사업을 하든지, 공부를 하든지, 요리를 하든지 하나님께 영광을 돌릴 수 없다. 탓하려면 도피하는 신앙, 은둔하는 신앙을 탓해야지 개인적 신앙의 깊이가 깊어 가는 것을 나무라서는 안 된다.

비슷한 예로, "기도만 하고……."라는 말 역시 오해의 소지가 많다. 참으로 기도하는 자만이 빛과 소금의 역할을 제대로 감당할 수 있으며, 실제 이런 식으로 비방하는 자들 중에 상당수가 기도 생활을 충분히 하지 않음을 본다.

현재 한국 교회의 문제는 기도의 용사들이 너무 부족하다는 점인데, "기도만 하고……."라는 말이 자칫 거룩한 경건 생활의 격을 낮출 수 있으므로 용어 사용을 신중히 해야 한다.

신앙 생활에 있어서 기도는 많이 하면 할수록 좋은 것이다. 기도에 상한선은 없다. 따라서 '도피 신앙인가, 사회적 책임을 갖는 신앙인가?' 라는 말은 성립이 되어도 '개인 신앙인가, 사회적 책임인가?' 라는 표현은 오해의 소지가 있으므로 피해야 한다.

6) 본 훼퍼의 '미친 운전자론'

> "사람들이 운집해 있는 길거리에서 미치광이들이 운전하는 자동차의 희생물이 된 사람들을 돌보는 것만이 나의 임무가 아니라, 아예 이 자동차의 운행이 정지되도록 미치광이 운전사를 없애는 것 또한 나의 임무이다."
>
> — 1944년 7월, 히틀러 암살 기도 실패

미치광이 운전자의 차를 정지시키는 것은 중요하다. 그러나 차의 경우는 운전자 한 명만 없애면 되지만, 실제 정치 상황에서는 히틀러 한 명뿐만이 아니라 히틀러를 중심으로 하는 정치 체제가 문제이다. 만약 이런 논리라면 우리는 이 땅의 독재자들을 다 죽여야 한다.

그러나 이런 식으로 계속 미치광이들, 독재자들이 발견되는 족족 없애 버릴 것인가? 왜 그 사람이 미치광이, 독재자가 되어야 했는지 그 배경이나 근본 원인은 알려 하지 않고 그 사람 자체만 제거하면 무슨 소용이 있겠는가? 얼핏보면 훼퍼는 원인 제거에 관심을 갖는 듯하나 이 역시 중간 과정일 뿐이다. 히틀러가 미치광이가 된 것은 사탄의 조작이다. 히틀러가 없었더라도 또 다른 사람이 그 역할을 대신했을 것이다.

그러므로 바울은 "우리의 씨름은 혈과 육에 대한 것이 아니요"엡 6:12라고 했다. 아담의 자손이라면 누구든지 미치광이, 독재자가 될 소질이 있다. 히틀러를 비난하는 우리도 그 당시, 그 권력의 자리에 앉는다면 문제는 달라진다. 독재자들도 처음부터 독재자가 되는 것은 아니다. 절대 권력이 주어질 때, 즉 여건이 주어질 때, 죄성에 물든 인간의 타락한 모습이 극명히 드러나게 되는 것이다. 이스라엘의 초대 왕 사울도 처음에는 겸손했지만 권세를 갖게 되자 교만하여져서 많은 의로운 사람을 죽이고 하나님께 버림 받게 되었다.

초대 교회 때 로마 독재자들이 그리스도인들을 그렇게 많이 죽였어도 아무도 로마 독재자들을 암살하려고 하지 않았다. 사도들이든, 신자들이든 그 누구도 그런 일을 계획하지 않았다. 우리 그리스도인들은 나타난 결과만 보고 무조건 원인을 제거하기보다는 그 원인이 나타날 수밖에 없던 배경과 이유에 관심을 가져야 한다.

7) 강도 많은 곳에 파출소를 세운다

강도 만난 자의 상처를 치료하는 것도 중요하지만 강도가 계속 출몰하는 지역이라면 파출소를 세우는 것이 더욱 중요하다는 이론이다. 그러므로 증상 치료만 할 것이 아니라 원인 치료를 해야 함을 강조하면서, 단지 구제만 하지 말고 사회 변혁에 적극적으로 참여하라는 주장이다.

그러나 이 이론에 대해 몇 가지 생각해 볼 것이 있다. 파출소를 세우고 나면, 강도는 그곳을 피해 또 다른 곳을 노리게 된다. 그 결과 그곳에는 강도가 줄어들지 모르지만 다른 곳에 강도가 늘어나 전반적으로는 마찬가지 양상이 된다. 결국 이 방법 역시 증상에 대한 일시적 치료에 불과하다.

근본적인 원인, 즉 왜 강도가 날뛰는지 알아보고 아예 강도가 생기지 않도록 그들을 변화시켜야 한다. 다시 말해 강도가 많은 곳에 교회를 세워야 한다. 이것이 기독교의 복음 전파다. 마약퇴치센터를 세우는 일은 정부가 해야겠지만, 복음으로 사람을 개조시키는 일은 교회가 담당해야 한다. 병원에서 환자를 치료하는 약은 줄 수 있지만, 근본적으로 술, 담배, 도박, 성적 타락을 끊게 하는 것은 오직 복음에 의해서만 가능하다.

문제는 파출소를 세우는 것이 아니라, 경찰이 불의를 행할 정도로 사회 전체가 심각하게 오염되어 있다는 것이다. 우선

국가부터 문제가 많다. 악으로 만연되어 있는 이 국가는 교회로부터 영적 지원을 받아야 한다. 그러나 교회가 국가의 할 일에 뛰어들면 둘 다 망할 수 있다. 아무리 국가에 문제가 많더라도 최소한 교회가 서 있으면 다시 소생할 가능성이라도 있다. 교회가 무너지면 그 국가는 소망이 없다.

사사기 2장 7-10절을 보면, 이스라엘 백성이 여호수아의 사는 날 동안과 여호수아 뒤에 생존한 장로들의 사는 날 동안에는 하나님을 섬겼다는 말씀이 있다. 교회의 역할은 바로 여호수아와 장로들처럼 하나님의 뜻과 섭리를 세상에 제공하는 일이다.

이상에서 복음 전도와 사회적 책임에 관한 주장 7가지를 살펴보고 그 주장들이 복음 전도의 당위성과 시급성을 대체할 이론이 될 수 없음을 지적했다.

특히 복음 전도와 사회적 책임에 관한 주제는 영국의 유명한 저술가이며 목사인 존 스토트John Stott 목사와 마틴 로이드 존스M. Lloyd-Jones 목사가 서로 견해를 달리 했다. 이에 각각의 견해를 살펴보는 것이 필요할 것 같다.

❖ 존 스토트의 견해에 대해서

존 스토트는 사역자로서 그 동안 많은 사역과 강연, 저술 활동을 했으며, 여러 면에서 우리나라 교계에도 많은 기여를 한 것이 사실이다.

그러나 전도 명령과 사회적 책임이라는 주제에 대해서 이론적으로는 복음 전도의 우선성을 내세우기는 했지만 실제로는 그렇지 않은 것 같다.

필자가 생각하는 그의 견해의 문제점은 다음과 같다.

첫째, 그는 예수 그리스도의 삶 자체에서 전도 명령과 사회적 책임을 끌어냈다. 그러나 예수 그리스도가 그렇게 사셨다고 해서 그것 자체가 우리에 대한 명령이 될 수는 없다. 오히려 그렇게 살아가신 예수 그리스도께서 우리에게 복음을 전파하라고 명령하셨다. 이미 빛이요 소금인 우리에게 땅 끝까지 이르러 그분의 말씀을 전하라고 하셨다.

둘째, 존 스토트가 복음 전도와 사회적 참여를 동전의 양면으로 강조한 것은 그의 기본 전제가 기독교의 근본 교리와 다르기 때문이다. 그는 지옥의 영원 불멸을 인정하지 않고 불신자가 죽으면 지옥에서 타버려 끝나는 것으로 보고 있다. 영원한 지옥 형벌은 없다는 것이다.[1]

이 말의 엄청난 결과를 생각한다면-'만약 틀린다면 어떻게 할까?'를 생각할 때-복음 전도자로서 감히 말할 수 없는 내용이다.

이런 전제를 갖고 있기 때문에 그에게는 이 땅에서의 현실적 삶이 주요 관심사이며 지금도 이 일에 자신의 삶을 드리고 있다. 한 달에도 교회가 몇 개씩 문을 닫고 있고 거듭난 영혼이 전 인구의 5% 미만에 불과하고 그나마 교회에도 대부분 노인들만 남아있는 것이 영국 교회의 영적인 현실인데도 말이다.

❖ 마틴 로이드존스의
복음과 사회 참여 사상에 대해서

영국의 대표적인 강해 설교자요 저술가인 마틴 로이드존스는 존 스토트와 달리 교회의 사명을 복음 전도로 보았고 사회 참여는 복음 전도보다 이차적이며 훨씬 더 소극적이어야 한다고 다음과 같이 주장했다.[2]

---

1) 존 스토트는 『자유주의와의 대화』에서 영혼멸절설을 주장할 때보다는 최근에 한 발 후퇴하여 좀 애매한 태도를 취하는 것 같다.
2) 주로 마틴 로이드존스의 에베소서 강해 중 『교회와 국가의 독특한 기능들』(엡 5:3-5)과 『하나님의 것들』, 『사회 안에서의 성도들』(엡 6:5-9)을 요약, 정리한 것이다.

첫째, 성경에는 사회 참여 문제가 왜 이렇게도 적은가? 성경의 주요 관심이 하나님과 인간의 관계에 집중되어 있기 때문이다.

둘째, 주님은 가장 중요한 계명(첫째 계명)을 하나님과의 관계에 두시고 두 번째로 인간 관계를 두셨다. 서기관에 대한 주님의 답변에서 찾아볼 수 있듯이, 예수님은 이 세상에서의 삶은 언제나 2차적 중요성을 지닌 것으로 간주하셨다.

이 세상은 순례자의 길이며 우리는 장차 나타날 한 성을 기대하고 살아가는 자들이다히 11:16. 우리의 시민권은 하늘에 있다빌 3:20-21. 세상을 무시하지 않는다는 말은 세상이 하늘과 동등하다는 말이 아니다. 세상은 여전히 종속적인 위치 그대로이다.

교회의 1차적 임무는 이 세상 조건들을 다루는 것이 아니라 그 조건들에 대한 그리스도인의 관계와 그리스도인이 취해야 할 행동을 다루는 것이다. 구약에서 이스라엘 국가는 곧 교회였다. 국가와 교회의 구분이 없었다.

그러나 신약에서의 교회는 세상에서 부름을 받은 자들로 구성되어 있다. 교회의 첫 번째 임무는 복음을 전하고 그들이 계속 하나님의 지식에 이르게 하는 것이다. 교회는 세상을 개혁하려 하지 않는다. 복음을 전하는 것이 1차적 임무이다. 사람이 먼저 바뀐 후, 바뀐 그 사람이 자신의 판단에 따라 자기의 상황, 처지에서 행동하는 것이다. 한 예로 세계 IVF 운동의 창시자였던 영국의 찰스 시므온Charles Simeon은 그 당시 전쟁의 와중에서도 오직 복음만을 선포했지 25년 동안 단 한 번도 전쟁에 관한 설교를 하지 않았다.

마틴 로이드존스M. Lloyd-Jones 목사는 생을 마치는 순간까지도 사회 참여는 소극적이어야 한다는 자신의 주장을 굽히지 않았으며 장차 올 하나님의 진노에서 속히 피할 것을 강조하였다.

(3) 명목상의 우정 전도

우정 전도란 직장이나 학교, 모임 등에서 관계를 잘 맺어 신뢰를 바탕으로 복음을 소개하는 것을 말한다. 이것은 좋은 일이며 추천할 만한 일이다. 직장, 학교, 모임 등에서 어떤 사람을 마음에 두고 기도하며 기회를 만들고, 복음을 소개해서 사람을 얻는 것은 우리가 꼭 해야 하는 일이며 매우 효율적인 전략이다. 직장인 모임, 예를 들어 BBB(직장인 전도 모임) 같은 모임은 이런 방법으로 많은 영혼을 구원했고 지금까지도 전도의 좋은 본이 되고 있다. 이 경우는 어느 정도 직접 전도이기도 하다.

그런데 문제는 소위 우정 전도라고 하면서 '전도'보다는

'우정' 쪽에서 한없이 시간을 끄는 경우이다. 즉 불신자와 신뢰 관계를 구축하고 사귐과 이해, 친분 관계를 깊이 하는 것까지는 좋은데 3개월이 지나고 반년이 지나도 복음을 전하지 않는 것은 무엇인가 문제가 있는 것이다. 전략이기 때문이 아니라 혹 전도하기가 부담스럽고 부끄럽고 모욕당할 수 있기 때문에, 아니면 전도하다가 친구를 잃어버릴까봐 주님의 이름을 담대하게 전하지 못하는 것은 아닌가?

그래서 우정 전도라는 미명하에 전도하라는 예수님의 말씀을 회피하고 주저하고 있는 것은 아닌지 자못 의심스럽다. 명목상의 우정 전도라면 전도의 방법으로 채택하기가 곤란하다.

왜냐하면 이 땅에는 불신자들이 너무 많고 또 그들은 현재 고통 중에 있는 환자인 만큼 치료약을 빨리 사용하면 할수록 좋기 때문이다. 우리가 만일 암을 치료할 수 있는 특효약을 갖고 있다고 하자. 주위의 암환자에게 속히 전해 주어야 그들의 암이 조금이라도 빨리 회복될 수 있지 않겠는가?

우리 주위의 사람들은 현재 하나님의 진노 아래 놓여 있다. 그들이 그 진노를 피할 수 있는 길은 속히 그리스도에게 나와서 죄 용서를 받는 일이다. 우리가 그들에게 속히 그 처방을 내려 주어야 한다. 실제로 전도해 보면 많은 사람들이 복음을 기다리고 있다는 것을 알 수 있다. 마음이 닫힌 자의 경우 그 마음을 여는 방법은 오직 말씀이다. 인간적인 친근함만 가지고는 안 된다.

실제로 가족, 부부간의 전도가 더 어렵지 않은가? 말씀이 들어갈 때 비로소 성령의 역사가 임한다. 그러므로 우리는 원래 우정 전도의 장점을 잘 살려서 사용하되 속히 직접 전도로 복음을 전해야만 한다.

PART 3
복음 전도 명령의 최우선성

높아진 문화명령
낮아진 복음전도

PART 1 2 **3** 4　　　　**복음 전도 명령의 최우선성**

1. 명령을 내리신 이유

하나님께서는 왜 복음 전도 명령을 새 가족으로서 신분이 바뀐 우리에게 주셨는가? 타락했다가 구속받은 우리에게 이 일을 부탁하신 이유가 무엇인가?

최초의 인류 타락 이전에는 영혼을 구원할 필요가 없었다. 그때에는 인간이 하나님 안에서 순종하고 하나님께서 주신 은사를 잘 발휘하여 짐승과 새와 물고기를 돌보며, 아름답게 세상을 관리하고 만들어 가면서 번성하고 충만하기만 하면 되었다창1:28.

그러나 지금은 상황이 많이 달라졌다. 무엇보다도 천하보다 귀한 인간이 하나님을 떠났고 소망 없이 죽어가고 있다. 사랑의 하나님께서는 이런 영혼을 가만히 놔둘 수 없으시기 때문에 우리에게 복음 전도를 명하신 것이다.

주님은 죽어 가고 있는 모든 인류를 구원하기 위해서 이 땅에 오셨고, 떠나시면서 이 일을 우리에게 부탁하셨다. 이 사명을 깨달은 사도들과 초대 교인들은 성경이 보여 주는 대로 목숨을 다해 힘껏 복음을 전파했다.

소위 문화 명령을 주장하는 자들의 이론대로 '타락했다가 회복되어 원래의 문화 명령을 수행했다.'고 주장할 만한 행동이나 근거를 성경에서 찾기란 쉽지 않다. 오히려 타락했었던 초대 그리스도인들이 그리스도로 인해 회복되어 전도 명령을 수행한 모습을 성경에서 쉽게 확인할 수 있다.

2. 전도 명령에 대한 그리스도인의 자세

주님께서는 부활하시고 승천하시기 전에 그리스도인들에게 엄숙히 복음 전도를 명하셨다마 28:19, 20. 그래서 사도들과 초대 교회는 날마다 전도하기를 쉬지 않았고행 5:42, 지금까지 전 세계 그리스도인들이 이 명령에 순종하고 있다. 우리가 이 일에 최우선 순위를 두어야 할 이유는, 하나님의 진노와 지옥의 형벌이 모든 불신자들에게 미치기 때문이다. 불신자의 입장에서 생각해 보면 그들에게 구원보다 더 급하고 중요한 일이 무엇이겠는가?

타이타닉 호를 예로 들어 보자.

만약 그 배에 탄 사람 중에 오직 나 혼자만이 배가 곧 가라앉을 것을 알고 있다면, 나의 급선무는 사람들에게 구명정을 타라고 재촉하고 강권하는 일일 것이다. "여러분, 이 배는 곧 가라앉을 것이니 빨리 살 길을 찾아야 합니다!"라고 외쳐야 할 것이다. 이때 사람들이 어느 정도 술에 취해서, 염려하는 분위기도 아니고, '설마 이 큰 호화선이 가라앉을 리가 있겠어?' 하고 믿지 않으려고 할지라도, 나는 계속 힘 주어 그들에게 강권해야 할 것이다.

비록 내가 해야 할 다른 중요한 일이 있다 하더라도, 즉 요리사이면 영양가를 잘 생각해 음식을 공급하고, 의사이면 환자를 치료해 병을 낫게 하고, 경호원이면 내가 담당한 사람을 잘 보호하고, 안내원이면 친절하게 사람들을 안내하고, 미용사라면 머리를 잘 다듬어 주어야 하겠지만, 내가 무슨 직업에 종사하든지 가장 먼저 할 일은 사람들에게 이 배가 좌초될 것이니 구명정을 타라고 계속 권하는 일일 것이다.

그리스도인은 죄에 대한 하나님의 진노와 지옥에 대해 알고 있지만 불신자는 이를 모른 채 살아간다. 그리스도인은 천국과 지옥이 엄연히 존재하며 어떻게 해야 영원한 지옥의 형벌에서 영원한 천국으로 옮겨 가는지 그 길을 알고 있기 때문에 불신자에게 이 구원에 대해 알릴 책임이 있다.

이러한 관점에서 우리는 그리스도인의 입장이 아닌 불신자의 입장을 가장 우선적으로 고려해야 한다. 만약 당신이 불신자라면 교회를 향해, 그리고 그리스도인을 향해 과연 무엇을 부탁하겠는가? 복음을 알려 달라고 하지 않겠는가? 어떻게 해야 영원한 주님 안에서의 안식을 누리겠느냐고 묻지 않겠는가?

또 다른 예를 들어 보자. 우리는 분명 부모님의 말씀을 잘 들어야 하지만 그 중에는 근본적인 것과 부차적인 것이 있다. 가령 '물을 아껴라, 돈을 아껴라, 공부를 열심히 해라, 일찍 들어와라, 일찍 자라, 밥을 제때 먹어라.' 등등의 말씀을 잘 따르는 것도 중요하지만, 마음으로부터 순종하여 효도하는 것이 근본적이고 일차적인 것이다. 효도하는 가운데 위의 부차적인 명령을 따르는 것이 의미가 있다. 부모님 말씀을 듣지 않고 아예 가출하는 것과 물을 아껴 쓰는 것은 본질적으로 다른 문제이다.

이와 마찬가지로, 성경에 수많은 가르침이 있지만, 가장 본질적인 것은 먼저 죄악된 인간이 하나님께 돌아와 그분을 믿고 섬기는 일이다.

3. 어떻게 복음을 전할 것인가

(1) 처음 만나는 사람

1) 기도

우리가 인간의 지혜를 가지고 논리적으로 설명하고 설득한다고 해서 불신자들이 주님을 믿게 되는 것은 아니다. 사람들이 너무도 명백한 복음의 진리를 받아들이지 않을 때, 처음에는 나도 이해가 잘 안 되었다. 그러나 전도를 계속하면서 차츰 깨닫게 된 것은 이 영혼 구원하는 문제가 영적인 일이라는 것이다.

그러므로 기도를 통한 성령의 역사 없이는 단 한 명의 불신자도 주님께 돌아올 수 없다. 바울 사도의 고백처럼 마귀가 배후에서 불신자들을 혼미케 하기 때문이다고후 4:4.

따라서 우리는 전도하기에 앞서 먼저 간절히 기도함으로 복음을 들려줄 때 그들의 마음을 혼미케 하는 마귀가 물러나고, 그들이 주님께 나아올 수 있도록 간절히 기도해야 한다. 기도 없는 전도는 실패할 수밖에 없다.

2) 입을 열어 복음을 전한다롬 10:14-15

전도는 실제로 하는 것이 중요하다. 많은 사람이 주님의 명령인 전도의 중요성을 이야기하지만, 실제 복음을 전하는 사람은 많지 않다. 그래서 이 땅에 불신자가 계속 남아 있는 것이다. 깨달았으면 행해야 한다. 가만히 있으면 아무 일도 일어나지 않는다.

한국 교회가 부흥하지 못하는 이유가 바로 여기에 있다. 일단 총을 쏘아야 맞든지 안 맞든지 할텐데 모두들 가만히만 있으니 누가 쓰러지겠는가? 전도하지 않는데 어떻게 영혼이 구원을 얻을 수 있겠는가? 많은 이론과 생각들을 다 뒤로 하고 일단 불신자들을 찾아가 복음을 전하라. 여기서부터 큰 은혜가 부어진다.

그러나 처음에는 입을 잘 열지 못하는 것이 사실이다. 필자의 경우 모태신앙인으로 오랜 기간 잠자는 상태로 있다가 청년 시절 진리의 말씀을 깨닫고 전도하겠다고 결단했다. 그렇지만 막상 불신자를 찾아가 복음을 전하려고 하니 도저히 입을 열 수가 없었다. 전하려 하다가 너무 떨리고 용기가 없어서 돌아선 적이 한두 번이 아니었다. 한 열흘에서 보름 정도 지난 후 하나님의 은혜로 입을 열었고 그때부터는 마음껏 복음을 전할 수 있었다. 처음 전도했을 때 얼마나 마음이 기뻤는지 모른다.

따라서 한 번 입을 여는 것이 중요하다. 그후부터는 전혀 다른 삶이 시작된다. 필자는 처음 입을 열 때 너무 고생을 한 경험이 있어서, 두 명씩 짝지어 나갈 것을 권면한다. 둘이라면 훨씬 쉽다. 전도해 본 경험이 있는 사람과 함께 나가기 바란다.

3) 정기적인 시간 확보

막연히 전도하려고 마음 먹으면 다른 급한 일에 우선 순위가 밀려 전도를 미루게 되는 경우가 많다. 그러므로 일주일 중에 자신에게 가장 적합한 요일과 시간을 정하는 것이 필요하다.

감사하게도 많은 회사에서 주 5일 근무제를 시행하면서 학생은 물론 직장인도 토요일을 이용할 수 있게 되었다. 주 5일 근무제는 우리 그리스도인에게 주신 하나님의 선물이다. 이 토요일을 주님께 드리자.

필자가 섬기는 교회는 성도 중 절반이 매주 토요일 오후 2시에서 6시까지 4시간씩 그룹별로 고속터미널, 서울역, 동서울터미널, 건국대, 숭실대, 연세대, 한양대, 고려대 등지에서 복음을 전한다. 성도들은 복음을 전해 들은 사람들이 예수님을 영접하는 것도 기쁘지만, 그보다도 일단 불신자들의 귀에 복음을 들려준다는 사실에 기뻐하며 감사하고 있다.

정기적으로 시간을 확보하지 않으면 전도 활동 자체가 흐지부지 되어 지속적으로 하기가 쉽지 않다. 천재지변이 일어

나지 않는 한 꾸준히 참여하겠다는 원칙을 세워야 한다.

또한 전도를 혼자 할 경우 상황에 따라 빠지려고 마음 먹기가 쉬워지므로 함께 팀을 짜서 서로가 서로에게 책임 의식을 갖고 일정한 시간에 대략 6-10명 정도가 함께 전도하는 것이 효과적이다. 그러므로 전도할 팀과 의논하여 시간을 짜는 것이 급선무이다.

4) 복음 전파

우리가 전해야 할 복음의 내용은 다음과 같다.

첫째, 하나님께서는 천지를 만드시고 인간을 창조하셨으며 우리를 사랑하신다.

둘째, 그러나 인간은 마귀의 유혹에 넘어가 하나님께 불순종하고 자기 마음대로 살게 되었다.

셋째, 그래서 우리는 죄인이 되었고 그 결과로 죄를 짓는다. 즉 '하나님을 떠난 죄인이기 때문에 죄를 짓는다.'는 것이다.

예를 들어 우리는 땅에서 뽑힌 나무와 같다. 뽑힌 나무는 시들 수밖에 없다. 인간은 죄인이기 때문에 아무리 노력해도 항상 죄를 짓는다. 꽃게에게는 옆으로 걷는 것이 당연한 것처럼 사람이 죄를 짓는 것도 그러하다.

넷째, 죄의 결과는 사망이다.

모든 사람은 자신이 지은 죄로 인해 하나님의 심판을 받아 지옥에 떨어져 멸망한다.

다섯째, 그러나 이런 우리를 예수님께서는 사랑하셨고 이 땅에 찾아오셨다.

예수님은 우리 대신 십자가에서 죽으시고 부활하심으로 우리에게 구원받을 수 있는 길을 열어 주셨다.

여섯째, 이제 누구든지 자기의 잘못을 회개하고 하나님께 용서를 구하면 영원한 지옥의 형벌을 받지 않고 천국에 갈 수 있다. 다만 용서를 구한 죄인이어야 한다.

예를 들어 하와이까지 태평양을 헤엄쳐서 갈 수는 없지만 배를 타면 갈 수 있다. 마찬가지로 나의 선한 행위로는 천국에 갈 수 없지만 예수님의 도움으로는 가능하다.

일곱째, 이제 할 일은 내가 죄인임을 인정하고 그분께 나아가 지난날의 죄에 대한 용서를 구하고 이제부터는 하나님의 뜻대로 살며 순종할 것을 기도로 고백하는 것이다.

5) 영접 권유

복음을 전하고 난 후 전도 대상자에게 복음을 받아들이고자 하는 반응이 있으면 적당한 때에 영접을 권유한다. 영접 기도를 할 수 있도록 인도하며 한마디씩 따라하게 하는 것이 좋다.

"저는 죄인입니다. 지금껏 제 마음대로 살면서 많은 죄를 지었습니다. 저의 죄와 잘못을 모두 용서해 주십시오. 이제는 제 마음대로 살지 않고 주님의 뜻대로 살겠습니다. 저를 받아 주셔서 이제부터는 하나님의 자녀로 살게 해주십시오. 예수님의 이름으로 기도합니다. 아멘."

주님을 영접하는 기도를 하게 한 후 자신이 다니는 교회를 소개하고(대학생일 경우 대학 내의 선교 단체도 소개해 주는 것이 좋다), 그 사람에게 맞는 신앙 서적이나 설교 테이프를 지속적으로 보내 주면서 신앙이 견고하게 설 때까지 기도하며 잘 돌봐 주어야 한다.

6) 전도시 준비할 점 및 유의할 점

① 불신자들이 주로 물어보는 질문에 미리 답을 준비하라.[1]

질문은 보통 20가지 안팎이다.

---

1) 필자의 책 『차마 신이 없다고 말하기 전에』와 『이왕 믿은 김에』를 참조하면 구체적인 답변과 실제적인 방법 등에 대해 도움을 얻을 수 있다.

- 하나님은 왜 선악과를 만드셨는가?
- 하나님이 계시다면 세상은 왜 이렇게 불공평한가?
- 예정되어 있다면 교회에 나가지 않아도 구원받을 것이고, 예정되어 있지 않다면 교회에 나가도 소용없을 것 아닌가?
- 모든 종교는 다 마찬가지이다.
- 인간이 약해서 신을 만든 것이다.
- 한 집안에 종교가 둘이면 안 좋다고 하던데······.
- 신이 있는 것은 믿겠는데 왜 그분이 꼭 하나님이신가?
- 진화인가? 창조인가?
- 아는 그리스도인이 있는데 생활이 엉망이다.
- 술, 담배를 못 끊겠다.
- 지금은 죄가 많아서 교회에 못 나가지만 차츰 정리되면 나갈 생각이다.
- 이 땅에 복음이 들어오기 전의 사람들은 어떻게 되는 것인가?
- 내가 꼭 믿어야 하는가?
- 죽기 직전에 믿겠다.
- 성경이 하나님 말씀이라는 증거가 있는가?
- 제사를 그만둘 수 없다.
- 성당, 또는 절에 다니고 있다.

- 나는 무신론자이다.
- 믿음을 강요하지 말라.

② 전도시 논쟁은 피해야 한다.

논쟁을 하다 보면 감정이 격해질 수 있는데 마귀는 이것을 이용해 불신자의 마음을 굳게 닫히게 한다. 그러므로 그 사람이 강하게 주장하는 것은 일단 듣고 있다가 우리가 할 이야기만 지혜롭게 하는 것이 좋다.

③ 낙심될 경우

이것은 전도인이라면 누구나 경험하게 되는 큰 장애물이다. 마귀는 전도하는 사람을 싫어하여 어떻게 하든지 그만두게 하려고 하는데, 이때 마귀가 사용하는 전법이 낙심이다. 이것을 이겨내야만 한다.

전도할 때 무시당하고 조롱당하는 것은 기본이다. 이것을 이상하게 생각해서는 안 된다. 천국, 지옥, 부활, 죄에 대해 언급하는데 그들이 쉽게 동조하겠는가? 더구나 그들은 어두움의 백성들인데 빛의 자녀인 우리들을 좋아하겠는가? 그들은 까닭 없이 우리를 미워한다.

그러므로 우리는 전도하러 나아갈 때 각오를 단단히 하고 나가야 한다. 불신자들은 괜히 화를 내며 우리에게 인격적 모독을 주기도 한다. 복음을 전하다가 매맞은 바울 사도를 기억하며 매만 안 맞아도 다행인 줄 알아야 한다. 전도할 때 무시당하는 것은 기본이다.

필자의 전도 초창기의 일이다.

캠퍼스 잔디밭에 앉아 있던 3명의 대학생들에게 복음을 전하다가 조롱당하고 쫓겨나는 인격적 수모를 겪은 후 더 이상 그런 사람들에게 전도하고 싶은 마음이 사라졌다.

"기껏 없는 시간 쪼개서 귀한 복음을 전했는데 고마워하기는커녕 나를 이렇게 무시하고 얕잡아 보다니……."

그 날 이후 복음 전하는 일을 포기했다. 그러다가 약 10-15일이 지난 후 성경 말씀을 보는 중에 "우리가 선을 행하되 낙심하지 말지니 피곤하지 아니하면 때가 이르매 거두리라" 갈 6:9는 말씀을 통해 내가 낙심했음을 깨닫고 그 이후에 다시 힘을 얻어 전도하게 되었다. 반드시 낙심할 수밖에 없는 일들이 찾아온다. 그때 믿음으로 잘 견딜 수 있어야 한다.

바울 사도는 우리의 수고가 주 안에서 헛되지 않다고전 15:58고 격려하고 있다.

④ 믿고 난 후 가르쳐주어야 할 것들
- 경건의 시간 Quiet Time
- 구원의 확신, 헌신

- 죄의 유혹과 용서
- 하나님과의 교제 : 말씀과 기도
- 성령 충만한 삶
- 은사 사용, 공동체, 교회
- 이성 교제와 결혼, 남편, 아내의 역할
- 학교, 직장, 가정에서의 그리스도인의 생활, 전도
- 하나님의 뜻 분별, 하나님의 인도
- 청지기로서 시간, 재물, 재능 사용, 비전, 선교 등등

(2) 학교 친구 또는 직장 동료

이 경우는 모르는 사람에게 노방 전도를 하는 것보다 훨씬 더 인격적이고 감동적인 장점이 있으며, 영접시킨 후 관리도 용이한 편이다. 우리는 학교나 직장에 들어가면 마땅히 그곳에 자신이 선교사로 파송되었음을 자각하고, 영혼을 얻고자 하는 간절한 마음가짐으로 학교와 직장의 영혼을 돌보아야 할 것이다.

그런데 학교나 직장에 들어간 지 1년이 지나고 2년이 지나도 단 한 명의 영혼도 전도하지 않는 그리스도인들이 꽤 많은 것이 현실이다. 이로 인해 한국 교회가 점점 약화되어 가고 있다. 회복을 위해 주님께 간구할 뿐이다.

1) 선한 행실과 삶을 통해 인격적 신뢰를 얻는다

처음 만나는 사람을 전도할 때에는 그 사람의 귀를 이용하지만, 아는 사람의 경우에는 마음을 통해 전도한다. 그러므로 평소에 그 사람에게 인정받고 신뢰를 얻는 것은 전도의 가장 기본이라 할 수 있다. 삶이 빛나야 하는 것이다.

함께 지내면서 신뢰 관계를 구축하기 위해 기본적으로 지켜야 할 몇 가지 사항들이 있다.

- 지각하지 말 것. 지각을 자주 하는 사람은 신뢰가 떨어진다.
- 한 번 한 말에 대해서는 무슨 일이 있어도 책임진다.
- 구두쇠가 되지 말 것. 얻어먹기 좋아하고 돈 쓸 줄 모르는 사람이 되지 말라.
- 상대방을 늘 세워 주는 말과 행동을 할 것.
- 맡은 일에 성실할 것. 실력을 갖추어야 한다.
- 평소 여러 상황에서 분내지 말고 상대방을 섬길 것.

이론을 제시하기는 쉽지만 실제로 행하는 데에는 많은 어려움이 있을 것이다. 오직 하나님의 크신 은혜가 우리에게 임하기만을 바랄 뿐이다.

2) 기도하면서 기회가 되는 대로 복음을 소개한다

마음에 품고 있던 영혼을 위해 기도하다가 기회를 만들어 복음을 소개해야 한다. 가만히 있으면 전도의 기회가 저절로 찾아오지 않는다. 우리가 만들어 가야 한다. 식사를 같이 하든지, 차를 마시든지 하면서 복음을 들려준다. 혹은 성경 공부를 같이 하자고 권면한다. 학교라면 선교 단체로 이끌 수 있고, 직장이라면 신우회에 같이 나갈 수 있다.

그러나 어떤 방법으로 하든지 그에게 복음을 들려주는 것이 우선 필요하다.

3) 복음적인 교회를 소개한다

우리는 계속 한 사람만 돌볼 수는 없기 때문에 일생 동안 그를 양육할 수 있는 교회로 연결시키는 것이 중요하다. 그래야 적당한 때에 우리는 그 사람을 놔두고 또 다른 사람을 전도할 수 있게 된다.

어쨌든, 상대가 모르는 사람이든지 아는 사람이든지 중요한 것은 사람을 얻고자 하는 영혼 사랑의 마음이다. 이 마음만 있으면 된다. 방법적인 문제는 나중이다. 지옥 가는 그 사람에 대해 긍휼히 여기는 마음이 있으면 전도하게 되어 있다. 주님이 우리에게 품으셨던 이 '민망히 여기는 마음'을 달라고 간구하자.

끝으로 우리가 명심할 것이 있다. 그 사람이 '믿을지 안 믿을지'는 내 책임이 아니다. '복음을 들려주는가 안 들려주는가'가 내 책임이다. 혹 당장에는 영접을 하지 않는다 할지라도 나중에 하나님이 그 마음을 움직이셔서 영접하게 하실지 모를 일이다. 인생을 살다가 어찌 환난 고통이 한두 번쯤 없겠는가? 사람들은 지푸라기라도 잡고자 하는 심정이 될 때 그가 전에 들었던 종교를 떠올려 선택하게 된다.

일본의 경우 수많은 우상을 섬기고 있어서, 어려서부터 보고 들은 것이 우상뿐인지라 곤고할 때 기독교를 택할 가능성이 그만큼 적다. 아예 복음을 들어보지 못한 그들은 예수께 나오기가 쉽지 않다. 그러므로 우리는 그 사람이 지금 당장은 안 받아들인다 할지라도 장래의 곤고한 때를 위해서 힘써 복음을 전해야 한다.

4. 노방 전도의 당위성

혹자는 현대 시대에 노방 전도는 비효과적이며 적절하지 못하다고 말한다.

그러나 과연 그가 그렇게 자신 있게 이야기할 만큼 실제 노방 전도를 최소한 1년이라도 해본 경험이 있는지 필자는 반문하지 않을 수 없다. 돌팔이 의사와 명의의 차이처럼, 본인이 아직 사람 낚는 어부로서 초보라고 생각해본 적은 없는지 되묻고 싶다.

주님은 병든 자나 무리를 대하실 때 언제든지 구원에 대해 설명해 주셨고 하나님의 아들인 자신에 대해 많은 말씀을 하셨다.

우정 전도를 강조하면서 흔히 예로 드는 사마리아 여인의 경우도 자세히 살펴보면 우정 전도가 아니라 노방 전도이다. 예수님은 그 여인을 만나서 몇 마디 대화를 나누신 후에 자신이 메시아임을 알리셨고 그리하여 바로 그 날 그 여인을 구원하셨다.

또 바울의 경우도 항상 돌아다니면서 복음을 즉각적으로 설명했다. 초대 교인 역시 모이거나 흩어지거나 항상 예수님을 전했다.

> "가서 성전에 서서 이 생명의 말씀을 다 백성에게 말하라 하매" 행 5:20.

> "저희가 날마다 성전에 있든지 집에 있든지 예수는 그리스도라 가르치기와 전도하기를 쉬지 아니하니라" 행 5:42.

그러면 노방전도를 해야 하는 중요한 이유는 무엇이며, 노방 전도를 하는 우리의 자세는 어떠해야 하는가?

(1) 복음의 긴박성

복음은 듣는 자의 영생이 결정되는 시급한 문제이다. 그의 생이 언제까지 계속될지는 아무도 모른다. 우리는 우리 문제가 아니라 좀 느긋할 수 있을지 몰라도 불신자들에게는 이것이 생에서 가장 긴급한 문제이다. 그들 입장에서는 할 수 있는 한 빨리 복음을 들어야 한다.

(2) 복음을 전파하는 것은 우리의 책임이다

우리는 우리가 알고 있는 사람들 외에도 일단 모든 사람에게 믿을 수 있는 공평한 기회를 줄 책임이 있다.

"그런즉 저희가 믿지 아니하는 이를 어찌 부르리요 듣지도 못한 이를 어찌 믿으리요 전파하는 자가 없이 어찌 들으리요"롬 10:14라는 말씀처럼 일단 모든 사람의 귀에 복음을 들려주어야 한다. 믿을지 안 믿을지는 그들의 책임이다.

우리는 땅 끝까지 이르러 주님의 복음을 모든 사람에게 전파해야 한다. 주님께서 그렇게 명령하셨기 때문이다.

(3) 복음을 기다리는 불신자들

실제로 많은 불신자들이 복음을 기다리고 있다. 단 하루만이라도 노방 전도를 해보라. 최소한 2-3명은 주님을 영접하거나 복음에 대해 관심을 보일 것이다.

그런데도 왜 우리는 이 효과적인 방법을 사용하지 않으려 하는가? 몇몇 강퍅한 사람들 외에 복음만 들으면 즉각 예수님을 영접할 사람이 우리 주위에 많이 있다는 사실을 명심하기 바란다.

(4) 복음 전파와 기도

한 사람의 영혼을 얻는 것은 시간의 유무가 아니라, 복음 전파와 기도의 유무에 있다.

우리가 전도 이후의 결과까지 염려하는 것은 어쩌면 우리의 권한을 벗어나는 일일 수도 있다. 최선을 다하여 복음을 전하였다면 그 다음에는 성령의 역사를 기대해야 한다. 다만 우리가 할 일은 때를 얻든지 못 얻든지 복음을 전하는 일이다 딤후 4:2.

혹 노방 전도를 "예수 천당, 불신 지옥!"을 외치며 역이나 지하철 등지에서 큰소리로 무례하게 전도하는 것으로 이해하고 있었는가? 그렇다면 몰라도 그게 아니라면, 우리는 사랑의 마음으로 예의를 갖추어서 친절하고 신중하게 또한 신속하게 불신자에게 복음을 전할 수 있는 이 노방 전도를 미룰 이유가 없는 것이다.

(5) 요나의 경우는 무엇인가

요나가 니느웨 백성들의 상황을 충분히 이해하면서 많은 것을 준비했는가? 아니다. 단지 하나님 말씀을 있는 그대로 전했을 뿐이다. 그러자 왕을 비롯한 모든 백성이 회개했던 것이다.

마찬가지로 우리도 복음에 대한 확신을 갖고 단순하게 전하면 되는데, 대상에 대한 이해를 한다고 하면서 그들의 문화, 그들의 상황에 눈높이를 맞추느라 너무 많은 시간과 에너지를 소비하는 것은 아닌지 점검해 보아야 할 것이다.

(6) 전도를 통해 얻는 축복

전도를 하면 전도자 본인이 깨어나 근신하게 되고 영적 싸움의 실체를 확실히 깨닫게 된다. 그래서 더욱 주님께 매달리게 되며, 많은 영혼을 만나면서 이 땅의 구원받지 못한 영혼에 대한 사랑의 마음을 품게 된다.

또 전도자들은 자신이 주님 편에 서서 함께 일한다는 건전

한 자의식을 갖게 되며 실제로 자신을 통해 거듭난 영혼의 모습을 보게 되어 더욱 하나님께 감사하는 신앙 생활을 할 수 있게 된다.

그리고 무엇보다도 신앙 생활이 흥미롭고 지겹지 않으며 보람되고 재미있어지는 장점도 있다.

PART 4
승리하는 성도

높아진 문화 명령
낮아진 복음 전도

PART 1 2 3 4　　　　　승리하는 성도

1. 같음과 다름

그리스도인들이 자신들은 세상 사람들과 차이가 없다는 것을 강조하면서 자신들이 세상 사람들과 같은 인간임을 부각시키려다가 '다름'에 대해 소홀히 하는 경향이 있다.

그러나 근본적으로 '빛'과 '어둠'은 조화될 수가 없다. 오히려 빛은 더욱 빛다워야 한다. 성도들이 하나님을 섬기며 거룩하게 사는 삶이 세상에 드러나야 한다. 지금 한국 사회는 이 성도의 빛이 어둡다.

세상을 향한 그리스도인의 도전은 '같음'이 아니라 '다름'이다. 애당초 다른데, 같아지려고 노력해서는 안 된다. 바울은 여러 모양이 되었지만 고전 9:22, 그것은 근본적으로 하나님과의 깊은 관계에서만 허용된 것이다.

그런데 오늘날 문제는 그리스도인이 세상 사람을 이해하고 그들과 잘 어울리기는 하는데 그리스도인으로서 지속적으로 유지해야 할 근본적인 경건의 능력을 갖고 있지 못하다는 것이다.

그래서 주위 사람들에게 강한 영향을 주지 못한 채 단지 어울리기만 한다. 초대 교회는 이 '다름'을 분명히 함으로써 세상을 이겼다. 그들은 애써 자신이 세상 사람들과 다르지 않다는 것을 증명하려 하지 않았고 오히려 자기들의 정체성을 확연히 드러냈다.

한 예로 오늘날에는 이슬람교도들이 자기들의 종교와 관습, 문화를 분명하게 드러내면서 살아간다. 그런데 많은 사람들이 이슬람교를 배척하기는커녕 오히려 묘한 매력을 느껴 이슬람교로 개종하고 있다. 그 결과 이슬람교는 급속히 증가하고 있다.

따라서 '죄 많은 세상…….' 운운하면서 세상과 분리될 것이 아니라 그리스도인의 독특성(영성)을 드러내야 한다. 즉 하나님과의 깊은 사귐, 깊은 헌신을 전제로 한 세상 껴안기를 말하는 것이다. 세상 사람들과 같아지기는 쉽다. 이것은 기도 없이도 얼마든지 가능하다.

그러나 '다름', '독특성'은 기도하는 자라야만 유지할 수 있다. 세상에 도전하고 세상 사람을 얻는 것은 '같음'이 아니라 '다름'을 통해 이루어져야 한다. 그럴 때 세상 사람들은 처음에는 우리를 이상하게 여길 수 있지만 마음속으로는 동경하게 된다. 그리스도인에게는 자신들과 구별되는 '다름'과 '권위'가 있기 때문이다.

문제는 누가 보더라도 그리스도인과 세상 사람들간에 차이가 별로 나지 않는다는 것이다. 그렇다면 불신자의 입장에서 무엇을 바라보고 교회를 좇아가겠는가? 이러한 면에서 초대 교인들은 얼마나 달랐는가? 그리스도인에게는 세상이 갖지 못하는 '매력'이 있어야 한다. 우리의 '우리다움'을 더욱 강화하면서 세상 사람을 만나는 것은 좋지만, 우리 것을 잃어가면서 그들과 함께 하는 경향은 조심해야 한다. 세상 사람들이 한 일, 방탕 중에 이룩한 삶과 문화를 개혁하겠다고 늘 뒷북만 치고 뒤치닥거리나 하며 세월을 보내서는 안 된다. 적극적으로 기쁨, 거룩, 감사, 평안, 사랑, 섬김 등의 삶을 살면서 세상을 압도해야 한다.

한국 교회는 세상 문화의 변혁에 관심이 많다. 그러나 세상 문화 갱신은 소극적인 방법일 뿐이다. 우리는 성령 충만한 삶의 방식으로 이 세상 문화를 압도해야 한다. 우리가 기대하는 것은 재생된 문화가 아니라 바로 새 문화이다. 이것이 바로 초대 교회 그리스도인의 수가 비록 소수였어도 세상을 이길 수 있었던 비결이다.

다시 말해 낡고 죄된 문화를 기독교적으로 바꾸는 것이 아니라, 성령의 능력으로, 의도되지 않고 자연스럽게 형성된, 전적으로 새로운 문화를 이루는 것이다. 만들고자 함이 아니요 저절로 형성되게 하는 것이다. 그래서 우리가 이룩한 공동체의 삶과 문화가 흘러 나와 그것으로 이 세상을 충만하게 적셔야 한다.

2. 비상시의 균형론

우리 그리스도인은 어떻게 시간을 사용하여야 하며, 우선순위들을 어떻게 정해야 하는가? 또한 우리의 마음가짐은 어떠해야 하는가?

우리는 지금 비상시에 살고 있다. 아담이 타락하기 전에는 평상시였으나 그 이후, 특히 주님께서 십자가에서 승리하시고 모든 그리스도인에게 영적 전쟁을 명하신 후 전쟁이 시작되었다. 군사로 부름 받은 우리는 사탄에게 사로잡혀 있는 이웃들을 구출해야 한다.

실제 우리나라는 매일 400명에서 500명이 복음이 없어서 영원한 지옥에 가고 있고, 3,800만 명이 예비된 지옥불에 던져질 운명에 놓여 있다. 그들은 오직 우리만 바라보고 있을 뿐이다.

전도하는 사람들은 극히 소수에 불과하다. 불교 신자만도 1,000만 명이 넘고 무속인들이 50만 명이 넘는 이 시점에서, 전 세계적으로 최소 50억 이상(실제 거듭난 그리스도인은 많지 않다)이 영원한 지옥 불에 떨어지고 있는 이 때에, 일꾼은 부족한데 우리가 어떻게 한가로이 균형 잡힌 신앙을 논하고 있을 것인가?

그러므로 우리는 사명이 없는 자처럼, 전쟁에서 명령을 받지 못한 군인처럼 지내서는 안 된다. 마치 일제 시대 때 독립군이 집에도 가지 못하고 제대로 된 휴식도, 잠도 변변히 취하지 못한 채 오로지 독립을 위해 싸웠던 것처럼 우리도 전투에 임하는 마음의 태세를 갖추어야 한다. 우리가 균형을 이야기할 때, 서구의 많은 그리스도인들이 제시한 한가로운 그리스도인의 균형론을 받아들일 것이 아니라(왜냐하면 그들 대부분은 영적 전투에서 패했는데도 깊은 안타까움을 보이지 않고 있다. 예를 들어 유럽의 경우 대부분의 교회가 침체된 상황이고, 그래도 좀 낫다는 영국만 해도 95% 이상이 거듭나지 못한 채 살고 있다) 영적 군인으로서의 균형론을 따라야 한다.

주님도 공생애 때에는 잠도 제대로 못 주무시고 힘든 생활을 하시면서도 하나님의 뜻에 순종하며 사셨다.

오늘을 사는 우리도 "힘에 지나도록 수고했다"골 1:29, 딤전 4:10는 바울의 고백처럼 항상 주의 일에 더욱 힘쓰는 자들이 되어야겠다고전 15:58.

3. 결론

거듭나서 신분이 바뀐 우리들은 더 이상 명령인지 확실치도 않은 '문화 명령'을 붙들고 연연할 것이 아니라, 주님의 구속 사역으로 새롭게 시작된 시대에 발맞추어 새 명령인 '복음 전도'에 우리 자신을 드려 전심전력으로 이 명령을 성취해 나가야 할 것이다.

우리는 우리 자신만 생각할 것이 아니라 영원한 지옥의 형벌을 받아야 할 저 불신자들의 운명도 생각해야만 한다.

만약 당신이 불신자라면, 구원의 길을 알고 있는 자들이 이렇게 살아가는 것을 태연하게 바라볼 수 있을까? 제발 어떻게 하든지 복음을 들려 달라고 애원하지 않겠는가?

불신자들에게 최우선적으로 필요한 것이 하나님의 진노를 피하는 것 외에 다른 무엇이 있겠는가? 영원히 지옥으로 가는 중인데 무슨 일이 그렇게도 급하겠는가?

그리스도인들이여! 부디 그들의 입장을 백 번 이해하자.

참고 문헌

김재영 편저, 「직업과 소명」 (서울; 한국기독학생회출판부, 1989).

백종국, 「한국 기독교의 역사적 책임」 (서울; 한국기독학생회출판부, 1993).

서영안, 「교회와 국가」 (서울; 기독교문서선교회, 1984).

송인규, 「"죄 많은 이 세상"으로 충분한가」 (서울; 한국기독학생회출판부, 1984).

송인규, 「세계를 품은 그리스도인」 (서울; 한국기독학생회출판부, 1992).

조종남 편저, 「복음과 문화」 (서울; 한국기독학생회출판부, 1991).

조종남, 「로잔 세계 복음화 운동의 역사와 정신」 (서울; 한국기독학생회출판부, 1990).

Barclay, Oliver. R., 「세상 속의 그리스도인」 편집부 역, (서울; 한국기독학생회출판부, 1994).

Bavinck. H., 「일반 은총론」 차영배 역, (서울; 총신대학출판부, 1979).

Ellul, Jacques, 「하나님의 정치 사랑의 정치」 김희건 역, (서울; 두란노서원, 1987).

Ellul, Jacques, 「세상 속의 그리스도인」 이문장 역, (서울; 대장간, 1992).

Goudzwaard, Bob, 「현대·우상·이데올로기」 김재영 역, (서울; 한국기독학생회출판부, 1987).

Griffiths, Brian ed., 「혁명만이 변화인가」 한화룡 역, (서울; 한국기독학생회출판부, 1989).

Kuyper, Abraham, 「삶의 체계로서의 기독교」 서문강 역, (서울; 새순출판사, 1987).

Marshall, Paul, 「기독교 세계관과 정치」 한화룡 역, (서울; 한국기독학생회출판부, 1989).

Mouw, Richard, J., 「미래의 천국과 현재의 문화」 한화룡 역, (서울; 두란노서원, 1986).

Mouw, Richard, J., 「정치 전도」 이정석 역, (서울; 도서출판 나비, 1988).

Sider, Ronald, J. & Padilla Rene, 「복음 전도, 구원, 사회 정의」 한화룡 역, (서울; 한국기독학생회출판부, 1987).

Sire, James, W., 「기독교 세계관과 현대 사상」 김헌수 역, (서울; 한국기독학생회출판부, 1985).

Stott, Jones, 「현대 사회 문제와 기독교적 답변」 박영호 역, (서울; 기독교문서선교회, 1985).

Stott, Jones, 「현대 기독교 선교」 김명혁 역, (서울; 성광문화사, 1988).

Stott, Jones, 「현대를 사는 그리스도인」 한화룡, 정옥배 역, (서울; 한국기독학생회출판부, 1993).

Stott, Jones, 「자유주의와의 대화」 황영철 역, (서울; 여수룬, 1991).

Walsh Brian J., & Middleton J. Richard, 「그리스도인의 비전」 황영철 역, (서울; 한국기독학생회출판부, 1987).

Webber, Robert, E., 「기독교 문화관」 이승구 역, (서울; 엠마오, 1984).

Wolters, Albert, M., 「창조, 타락, 구속」 양성만 역, (서울; 한국기독학생회출판부, 1992).

Woodhouse, John, "*Evangelism and Social Responsibility*", (Explorations 3, Lancer Books, 1988).

사명선언문

너희가 흠이 없고 순전하여……세상에서 그들 가운데 빛들로
나타내며 생명의 말씀을 밝혀 _ 빌 2:15-16

1. 생명을 담겠습니다
만드는 책에 주님 주신 생명을 담겠습니다.
그 책으로 복음을 선포하겠습니다.

2. 말씀을 밝히겠습니다
생명의 근본은 말씀입니다.
말씀을 밝혀 성도와 교회의 성장을 돕겠습니다.

3. 빛이 되겠습니다
시대와 영혼의 어두움을 밝혀 주님 앞으로 이끄는
빛이 되는 책을 만들겠습니다.

4. 순전히 행하겠습니다
책을 만들고 전하는 일과 경영하는 일에 부끄러움이 없는
정직함으로 행하겠습니다.

5. 끝까지 전파하겠습니다
모든 사람에게, 땅 끝까지, 주님 오시는 그날까지
복음을 전하는 사명을 다하겠습니다.

서점 안내

광화문점 서울시 종로구 새문안로 69 구세군회관 1층
02)737-2288 / 02)737-4623(F)

강남점 서울시 서초구 신반포로 177 반포쇼핑타운 3동 2층
02)595-1211 / 02)595-3549(F)

구로점 서울시 동작구 시흥대로 602, 3층 302호
02)858-8744 / 02)838-0653(F)

노원점 서울시 노원구 동일로 1366 삼봉빌딩 지하 1층
02)938-7979 / 02)3391-6169(F)

일산점 경기도 고양시 일산서구 중앙로 1391 레이크타운 지하 1층
031)916-8787 / 031)916-8788(F)

의정부점 경기도 의정부시 청사로47번길 12 성산타워 3층
031)845-0600 / 031)852-6930(F)

인터넷서점 www.lifebook.co.kr